Felipe and Dolores Baca

Hispanic Pioneers

Felipe and Dolores Baca

Hispanic Pioneers

by E. E. Duncan

Filter Press, LLC
Palmer Lake, Colorado

Felipe and Dolores Baca
by E. E. Duncan

For Robert

ISBN: 978-0-86541-171-5
LCCN: 2013947113

Produced with the support of Colorado Humanities and the National
Endowment for the Humanities. Any views, findings, conclusions,
or recommendations expressed in this publication do not necessarily
represent those of the National Endowment for the Humanities or
Colorado Humanities.

Cover photos courtesy History Colorado, 10042784 (Dolores Baca) and
10042785 (Felipe Baca)

Printed in the United States of America

Published by Filter Press, LLC, in cooperation with
Denver Public Schools and Colorado Humanities

Great Lives in Colorado History

Contents

Felipe Baca, 1828–1874

Introduction

In 1861 Felipe and Dolores Baca loaded their belongings into a cart pulled by oxen. They said goodbye to their family and friends in New Mexico and headed north to a new place they would call home. They were **Hispanic pioneers** who came to Colorado the same year that Colorado became a United States **territory**. The **plaza** they built became the town of Trinidad. Felipe and Dolores made a successful life for themselves in Colorado. The rich, **fertile** land around Trinidad was ideal for **grazing** sheep and growing crops. Felipe and Dolores became leaders and were known for helping others.

Dolores Baca, 1831–1915

2 *Felipe and Dolores Baca* ⌒

Hispanic Pioneers in Colorado

Long before covered wagons brought settlers west from the eastern United States, Hispanic pioneers were moving north from Mexico to live in the area that is now the states of New Mexico and Colorado. Spanish **conquistadors** came to Colorado looking for the **Seven Cities of Gold** as early as 1500. The lost cities of gold were a **myth**, but the explorers claimed the land for the king and queen of Spain. Spanish people crossed the Atlantic Ocean to live in the new land. They brought with them the Spanish language and **culture** and the Catholic religion.

Felipe and Dolores Baca's **ancestors** were among the earliest Spanish settlers of this area that would become the United States. Their ancestors came to Mexico in 1570. Felipe's family moved north to the area we now call

New Mexico in 1600. Dolores' family arrived in 1626. Their ancestors came very early in the history of the United States. English settlers established the first permanent settlement in Virginia in 1607, and the Pilgrims started the Plymouth Colony in Massachusetts in 1620.

Dolores' great-grandfather dug a **canal** that brought water to the dry farmland in the area. It was highly **innovative** for its time. The king of Spain rewarded him with a large amount of land in northern New Mexico and southern Colorado.

Dolores' father lived in one area his whole life. The area where he lived belonged to Spain when he was born in 1796. In 1821, after the Spanish-Mexican War, the same place became part of Mexico. Then, in 1850, after another war called the Mexican-American War, New Mexico became a territory of the United States. Hispanic people whose families have lived in Colorado for **generations** say, "We didn't cross the border, the border crossed us!"

Early Years

Felipe Baca was born on January 9, 1828, in the town of Ancon, an area that would become part of the state of New Mexico. His parents were Jose Manuel and Maria Rosa Vigil Baca. He had one brother and four sisters. His father died when he was a child. The family moved to live with his father's family near Taos, New Mexico.

Maria Dolores Gonzales was born January 11, 1831, in Arroyo Hondo, later part of New Mexico. Her parents, Jose Gonzalez and Maria Gregoria Medina, were wealthy. Dolores, her sister, and five brothers had a comfortable life.

Not much is known about the childhood of either Felipe or Dolores. We can guess that they both attended school because they knew how to read and write in Spanish. Hispanic life in New Mexico revolved around the farming seasons and activities at the Catholic church.

When Felipe was a teenager, he got a job taking care of goats and cows for his uncle. Felipe and the animals walked hundreds of miles from New Mexico to Mexico and back every year. For this job, he earned one dollar a month. He was so poor, he ate only one bowl of cornmeal mush each day.

He met a Native American woman on one of his trips. She gave him tortillas as payment for gathering firewood. He stopped to see her every year. On his last trip, she gave him a young cow and a statue of Our Lady of Guadalupe. The cow was the first animal of what became huge herds of animals owned by the Bacas. Our Lady of Guadalupe became his **patron saint**. He remained thankful to the Native American woman who helped him, and he remembered her kindness all of his life.

Felipe and Dolores met and fell in love. On March 20, 1849, they were married at the Catholic church in Taos. Felipe was 21 years old, and Dolores was 18. Dolores was described as a "beautiful woman with black and lustrous eyes." She was a **petite**, slender woman. Felipe was handsome with dark hair and dark eyes.

Their first child, a baby girl named Maria Dionisia, was born the next year. The young couple moved to Guadalupita, in the Sangre de Cristo Mountains, and bought some land. During the next eight years, Dolores had a son and four more daughters. They were named Juan Pedro, Maria Catarina, Maria Apolonia, Maria de la Luz, and Maria Rosa. As was the **custom**, the girls were called by their middle names.

In Guadalupita, Felipe and Dolores farmed and raised cattle and sheep on their land. They became the richest family in the area. They owned 2,000 sheep and grew bushels of corn, peas, beans, and potatoes. Later they grew wheat that they made into flour. They had a full household, with three servants who helped them run the farm and ranch.

The Move to Colorado

In 1859, 30-year-old Felipe and his friend
Pedro Valdez took a long trip north to the new
city of Denver. On the way there, the friends
camped along the bank of the Purgatoire
River. They had four wagonloads of flour to
sell to make money. They took this trip one
year after gold was discovered in the Rocky
Mountains. Gold miners moving to the area
needed supplies, including flour.

On their way home to Guadalupita, they
stopped at the place where they had camped
on their way to Denver. It was a beautiful
area. The sharp peaks of the Rocky Mountains
soared to the west, and flat **mesas** rose to
the south. Wide prairie land stretched to the
east. Cedar and piñon trees covered the small
hills. Plentiful water flowed in the rivers and
streams. Felipe thought the rich soil would
produce excellent crops. The surrounding hills

would support herds of grazing animals. He decided to make the land his own.

Felipe returned to the area the next spring with workers and teams of oxen. He dug an **irrigation** ditch and planted crops. When the crops were ready to pick, he took them to Guadalupita to show his family and neighbors.

Felipe wanted others to join him and move north to Colorado. He told his neighbors, "The soil and vegetation are so rich [that] you can make a plow out of a sunflower! You can take an ear of corn and use it as a club!" Felipe **exaggerated** a little bit, but his excitement about the land impressed his neighbors.

Twelve families decided to join the Baca family and move to an area of Colorado later called Trinidad. They gathered and prayed to their patron saint, Our Lady of Guadalupe. Felipe, Dolores, and their six children moved to the front of the **caravan** heading north. Their son Luis, who was born after the family moved to Trinidad, heard family stories about the move from Guadalupita. He later wrote, "Twenty wagons were outfitted, all drawn with ox-teams, loaded to the limit with all of their belongings…marching along on a string about three miles long. There were herds of sheep, goats and swine." The pigs were slowing down the group, so Felipe suggested, "Go ahead and give those tired fellows a blow on the head and we will eat them!"

It was a difficult journey over the Sangre de Cristo Mountains. Luis wrote another story about the trip over Raton **Pass**: "Here they had no roads, there were only trails. Several wagons rolled over but as there were plenty of hands, they were put into operation again." Once over the pass, they looked down into the green valley they would call home. They gave thanks to Our Lady of Guadalupe.

Life in the New Land

The pioneers arrived at their new home in 1861, the same year Colorado became a territory of the United States. The 12 families built plazas along the Purgatoire River. More Hispanic pioneers came north. Soon 27 families lived in the area. Several families, often related to one another, lived together in a plaza. Living together provided extra security for the settlers.

The plazas were built of **adobe** bricks. A high outer wall surrounded each plaza. The buildings had flat roofs and thick walls. Within the walls of the plaza were apartments for families, an indoor and an outdoor kitchen, a garden, storage rooms, and a barn. Fireplaces heated the plazas. Water was hauled from a community well. Lanterns and candles provided light.

Felipe and Dolores built a large plaza on land next to the river. The Bacas named their plaza Trinidad, a Spanish word meaning "the Trinity." In the Christian religion, the word refers to the three parts of God: the Father, the Son, and the Holy Spirit. Dolores had four more children: Luis, Maria Gregorita, Felix, and Facundo. Maria Gregorita died when she was a baby.

The elegant two-story adobe Baca House is now a popular history museum in Trinidad, Colorado. The items in the museum help us understand what life was like for the Baca family and other Hispanic pioneers in southern Colorado.

Trinidad is a beautiful town, nestled in a valley. The original Baca plaza can be seen at the bottom of the picture.

The settlers dug three irrigation ditches, and their crops grew well. Their sheep, goats, and cattle grazed on the hillsides. They learned from the Native Americans to grow corn, beans, and squash close together. Native Americans called the three crops the "three sisters." Wild turkeys, rabbits, prairie chickens, deer, and even bear provided meat for the families. They had to work hard, but the land was fertile and provided the settlers with

Felipe and Dolores Baca 13

everything they needed.

After the hard work of ranching and farming, the families liked to get together for dances and parties. Spanish language songs, stories, and dances from Spain, Mexico, and the United States filled the plazas. A small adobe church was built on the Baca property. The families gathered there to worship on Sundays.

Sharing the Land

Hispanic pioneers, Native Americans, and **Anglo** pioneers all lived together in this area. Felipe and Dolores worked to keep peace among the different peoples.

Felipe and Dolores wanted to be good neighbors to the Native Americans. Felipe remembered the kindness of the Native American woman who helped him so many years before. The Bacas grew extra grain to give to the Native Americans. Colorow, chief of the Utes, once visited the Baca's plaza. Chief Colorow was a Native American leader who fought settlers who moved to Colorado. The famous chief admired Dolores' red silk scarf, so Dolores took it off and gave it to him.

Another time, Felipe was lost in the woods. He was found by some Native Americans. The Native Americans treated Felipe with the same kindness that he and Dolores had shown to them. When conflicts arose between Native Americans and the Hispanic settlers, Felipe worked to make peace.

Felipe became business partners and friends with some of the Anglos who moved into the Trinidad area. Once, Dolores helped with the birth of an Anglo child in Trinidad. Another time, a violent fight broke out between some Hispanic and Anglo residents. Felipe and Dolores offered the Anglos a safe place to stay. Felipe helped the people solve their conflicts.

It was not always easy for people with different cultures and languages to live together in peace. However, the Bacas believed that it was possible. Felipe became a strong leader. People learned to count on him to help them solve their differences.

The Town of Trinidad

In 1866 Felipe and Dolores donated 75 acres of their land to start the town of Trinidad. Streets were created and houses were built. The **Santa Fe Trail** ran through the land. It was the only road through the area, and it was busy with travelers. The Bacas opened the first store and the first lumberyard in the town.

The Bacas' sheep and cattle herds grew larger. They had thousands of sheep. They became wealthy by selling wool from their sheep. The Bacas hired many servants, farmhands, and herders to help them run their house, farm, and ranch.

The town of Trinidad was growing. More and more Anglo pioneers began to settle in the pretty valley. The Baca plaza was now in the middle of the town.

The town needed a bigger Catholic church. Felipe and Dolores gave the small adobe church they had built in their plaza, and the land around it, to expand the church. A new church, a community hall, a **convent**, and a school were built on this land. Felipe and Dolores believed that education was important. Felipe served as the president of the Trinidad school board for three years. He said, "I am working for the good of all. Not only my children, but other peoples' children would get an education."

The town continued to grow, and in the 1870s, 2,000 Hispanic and Anglo **citizens** lived there. Newspapers in Trinidad were published in Spanish and English.

Colorado Becomes a State

By 1869 many people living in Colorado Territory wanted Colorado to become a part of the United States of America. But not all of the Hispanic people in southern Colorado wanted statehood. They thought that the Spanish-speaking people in southern Colorado would not be fairly represented in an English-speaking government.

Felipe was a leader in Trinidad. He was elected to be a Republican **representative** to the **Territorial Legislature** from 1870 to 1874. His neighbor and fellow Hispanic pioneer, Casimiro Barela, was also elected. They wanted to make sure that the new Colorado **Constitution** was fair to all people. Felipe and Casimiro eventually agreed to support Colorado becoming a state. As part of the agreement, they insisted that the Colorado

Constitution be published in Spanish, as well as in English. Casimiro said:

> We must ask that the laws be published in Spanish for a period of twenty-five years. In return the people of southern Colorado will lend their support so that the Territory might be made a state.

Today a stained glass portrait of Casimiro Barela can be seen in the Colorado capitol rotunda in Denver. He is one of 16 early citizens, and the only Hispanic pioneer, honored in this way.

On August 1, 1876, Colorado Territory became the 38th state of the United States of America. As Felipe had wished, Colorado's constitution was published in two languages.

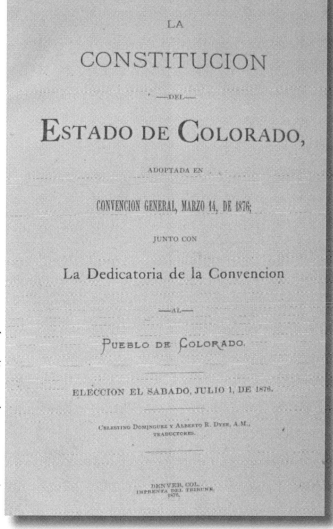

Representative Felipe Baca insisted that the constitution of Colorado be printed in English and Spanish. He wanted to make sure that all of Colorado's citizens were represented in the new state.

⌐ *Felipe and Dolores Baca* 21

The New Baca House

Felipe and Dolores Baca decided to leave their plaza. In 1873, they bought an elegant home on Main Street and named it Baca House. It was an unusual house. It was made of adobe and was two stories high. It looked like a mansion. **Traditionally**, adobe houses were only one story.

The house had 10 rooms. Another building had rooms for the servants, farmhands, and sheepherders. The land also had a barn, a carriage house, and a large garden area. A porch wrapped around the front of the house. A **widow's walk** balcony, perched on top of the house, gave a view of the busy Santa Fe Trail and the surrounding mountains.

Felipe and Dolores paid for the house with seven cartloads of wool worth $7,000. They bought all the furniture, including a piano, with two more cartloads of wool worth

Dolores Baca pictured with her children and grandchildren at the Baca House. The Baca Family lived in the Baca House until 1931.

$2,000. No money exchanged hands. Felipe felt he got a great deal. He told a friend, "I did not pay anything for the house. … I paid it in wool and wool grew on the sheep's backs." Felipe knew that the next year, the same sheep would give him wool again.

The Bacas made the house comfortable. The **whitewashed** walls were covered with pictures and religious items. Wood furniture, handmade quilts, wool rugs and blankets, and lace curtains filled the house. A cast-iron stove in the large kitchen heated the house, and an outside oven for baking bread stood in the yard. A well in the backyard provided water for the large household.

Life Without Felipe

In 1874, one year after the Bacas moved into their new house, the family changed forever because Felipe died. He was only 46 years old and probably had a **heart attack**. A friend said, "We have lost an earnest and energetic co-worker, a **genial** companion, a faithful friend and an upright citizen."

Dolores was left to take care of her large family alone. Three daughters and three sons still lived at home. The youngest son, Facundo, was just three years old. Two of their daughters had already married. A third daughter, Maria Apolonia, was married the day before Felipe died.

When Felipe died, the Bacas were the richest family in Trinidad. Dolores lived for 41 years after Felipe died. She never remarried, and she stayed in the Baca House the rest of her life. She took control and managed the

This tombstone sits on Felipe's grave. Although few words are engraved on the stone, two mistakes were made! Can you find them? This is a good reminder to proofread your work! (Answer: Spelling of Baca and date of death)

family businesses and continued to help others in her community.

Dolores encouraged her children to get an education. The three youngest sons attended college. Luis graduated from St. Mary's Academy in Kansas and became a civil engineer and surveyor. Felix and Facundo attended Notre Dame University in Indiana. Felix became a lawyer and a judge, and Facundo worked as a doctor. All three sons returned to Colorado after they graduated. The oldest son, Juan Pedro, helped Dolores with the businesses until he died in 1880. Four of their daughters married, and Maria de la Luz became a nun.

Dolores saw Trinidad change from a small Hispanic community to a bustling town. The wagons of the Santa Fe Trail were replaced by powerful trains. The grazing sheep gave way to huge herds of cattle. Later, coal mining became the main business in Trinidad. More and more Anglo people moved into the area.

Many people who live in Colorado today are related to the Baca family. The Felipe and Dolores Baca family has 340 **descendants** over seven generations. Family members also live in Arizona, California, Florida, New Mexico, Oregon, and Texas, as well as England, France, Germany, and Mexico.

Dolores died at the Baca House in 1915 at the age of 83. At her funeral, she was recognized for her work with "widows, the elderly, orphans, and invalids." A newspaper report of her death said that she had "marvelous strength, faith, good deeds and exemplary work."

The Baca House Museum

The Baca House stayed in the Baca family until 1931. Consuelo Baca, a granddaughter of Felipe and Dolores, was the last Baca family member to live in the house. It was sold and used as a **boardinghouse**. During this time, the house became run down.

In 1954 a group of Trinidad businessmen bought the house to use as a museum about pioneers in the area. They created a museum that told the history of Trinidad, including the history of the Baca family.

In 1960 the museum became part of the Colorado Historical Society. The society repaired the house and filled it with items that showed how the Baca family lived. The building that housed the Bacas' servants, farmhands, and sheepherders is now filled with information about the history of the Trinidad area.

Today visitors can tour the Baca House and gardens. Tour guides tell visitors about the Baca family and other Hispanic pioneers. The Baca House Museum tells the important story of the Hispanic pioneers and their part in the history of Colorado. The museum allows people to imagine how the pioneers lived and the challenges they faced.

The Bacas in Colorado History

Felipe and Dolores Baca brought sheep and cattle ranching, as well as farming, to the Trinidad area. The Bacas founded the town of Trinidad and helped it grow into a thriving community. Felipe and Dolores believed that people who had different cultures and languages could live together peacefully. Felipe represented Hispanic people in the territorial government. He made sure that the concerns and opinions of Spanish-speaking people were heard.

After Felipe's death, Senator Casimiro Barela wanted to honor his friend. He asked the state legislature to name a new Colorado county after Felipe. Baca County, in southeastern Colorado, reminds us of the contributions of the Baca family to Colorado.

Questions to Think About

- Why did Chief Colorow and other Native Americans fight against Anglo and Hispanic settlers?

- Why were irrigation ditches built before houses in the new Hispanic colony of Trinidad?

- Why was it important for Felipe and Dolores' sons to be educated? What did they think about education for their daughters?

Questions for Young Chautauquans

- Why am I (or should I be) remembered in history?

- What hardships did I face, and how did I overcome them?

- What is my historical context (what else was going on in my time)?

Glossary

Adobe: sun-dried bricks made of mud and straw.

Ancestors: the people in a family who were born before those currently living.

Anglo: a white person of non-Hispanic descent.

Boardinghouse: a house divided into rooms that are rented to people.

Canal: a waterway dug or built to water crops.

Caravan: a group of wagons or carts that travel single file.

Citizens: people who live in cities, towns, states, or countries and who have the rights and protection of that place.

Conquistadors: Spanish explorers.

Constitution: a document that states the basic beliefs and laws of a nation, state, or social group.

Convent: a building where Catholic nuns live together.

Culture: the traditions, beliefs, and social practices of a group of people.

Custom: long-established way of doing things or an unwritten law.

Descendants: families who are related to particular individuals in the past.

Exaggerated: said something that was larger than the truth.

Fertile: producing abundant vegetation or crops.

Generations: the average span of time between the births of parents and their children, usually 25 to 30 years.

Genial: pleasant or friendly.

Grazing: feeding animals on growing grass.

Heart attack: the sudden stopping of the heart.

Hispanic pioneers: Spanish-speaking people who settled new lands.

Innovative: new and creative way of doing something.

Irrigation: supplying dry land with water to grow crops.

Mesas: flat-topped hills with steep sides.

Myth: a story that is fiction or not true.

Pass: a narrow gap between mountains.

Patron saint: in the Catholic religion, a saint who is thought to look over a person or group of people.

Petite: small and slender.

Plaza: a small settlement of Hispanic pioneers living together in a group of connected adobe buildings.

Representative: a person elected to government to act and speak for others.

Santa Fe Trail: a wagon trail between Missouri and Santa Fe, New Mexico. It was the primary trail for traders, settlers, and armies between 1821 and 1880.

Seven Cities of Gold: places that were said to exist in the southwestern United States. In the 1500s, Spanish armies and other explorers searched for the cities made of gold.

Territorial Legislature: the governing body of Colorado before it became a state.

Territory: part of the United States that is not a state but is under the control of the federal government. Kansas and other states west of the Mississippi were territories before they became states.

Traditionally: describes behaviors and beliefs passed from one generation to the next.

Whitewashed: painted with thick white paint.

Widow's walk: a platform on the roof of a house designed to observe the surrounding area.

Timeline

1600
Felipe Baca's ancestors moved north to New Mexico from Mexico City.

1626
Dolores Baca's ancestors immigrated to New Mexico area from Europe.

1828
Felipe de Jesus Baca was born in Ancon, New Mexico.

1831
Maria Dolores Gonzales was born in Arroyo Hondo, New Mexico.

1849
Felipe and Dolores were married.

1850
Family moved to Guadalupita, New Mexico.

1850–1859
Felipe and Dolores' first six children were born.

1859
Felipe claimed land in what would become the town of Trinidad.

1860
Felipe led a caravan of 12 Hispanic pioneer families to Colorado. He began building Trinidad plaza.

1861
Colorado became a territory of the United States.

Timeline

1861–1870
Four more children were born
to Felipe and Dolores.

1866
Town of Trinidad was
founded on Baca land.

1870–1874
Felipe served as Republican
representative to the
Territorial Legislature.

1873
Baca family exchanged wool
for the large adobe house
called the Baca House.

1874
Felipe died at age 46.

1874–1915
Dolores managed the
family businesses.

1876
Colorado became
the 38th state.

1889
Baca County was
named after Felipe.

1915
Dolores died in
Baca House.

1954
Baca House became
Trinidad Pioneer Museum.

1960
Baca House became
part of the Colorado
Historical Society.

Bibliography

Adams, Robert. *The Architecture and Art of Early Hispanic Colorado*. Boulder: University Press of Colorado, 1974.

Aldama, Arturo, ed. *Enduring Legacies: Ethnic Histories and Cultures of Colorado*. Boulder: University Press of Colorado, 2011.

Andrews, Paul, and Nancy Humphry. "El Patron de Trinidad: Don Felipe de Jesus Baca." *Colorado Heritage Magazine* (Winter 2004).

Baca, Luis. "The Guadalupita Colony of Trinidad." *Colorado Magazine* 21, no. 1 (January 1944): 22–27.

Burnett, Hugh, and Evelyn Burnett. "Madrid Plaza." *Colorado Magazine* 42, no. 3: 224–237.

DeBaca, Vincent. *La Gente: Hispano History and Life in Colorado*. Denver: Colorado Historical Society, 1998.

Duncan, E. E. Interview with Paul Andrews and Nancy Humphry, August 6, 2012.

Felipe and Dolores Baca Files. Trinidad History Museum.

Fernandez, Jose E. *The Biography of Casimiro Barela.* Albuquerque: University of New Mexico Press, 2003.

Henritze, Cosette. *Trinidad Timelines.* Vol. 1. Trinidad, Colorado: *The Chronicle-News*, May 2004.

"Hispanic Pioneer: Don Felipe Baca Brings His Family North to Trinidad." *Colorado Heritage Magazine* 1 (1982): 26–44.

Jasper, O. C. Handwritten Notes on Baca Family. History Colorado Files, 1980.

McHendrie, A. W. "Trinidad and Its Environs." *Colorado Magazine* 6, no. 5 (1929): 159–170.

Onis, Jose. *The Hispanic Contribution to the State of Colorado.* Denver: Cameron Books, 1976.

Index

Bibliography / Index

About This Series

In 2008 Colorado Humanities and Denver Public Schools' Social Studies Department began a partnership to bring Colorado Humanities' Young Chautauqua program to DPS and to create a series of biographies of Colorado historical figures written by teachers for young readers. The project was called Writing Biographies for Young People. Filter Press joined the effort to publish the biographies in 2010 under the series title Great Lives in Colorado History.

The volunteer teacher-writers committed to research and write the biography of a historic figure of their choice. The teacher-writers learned from Colorado Humanities Young Chautauqua speakers and authors and participated in a four-day workshop that included touring three major libraries in Denver: The Stephen H. Hart Library and Research Center at History Colorado, the Western History and Genealogy Department in the Denver Public Library, and the Blair-Caldwell African American Research Library. To write the biographies, they used the same skills expected of students: identify and locate reliable sources for research, document those sources, and choose appropriate information from the resources.

The teachers' efforts resulted in the publication of thirteen biographies in 2011 and twenty in 2013. With access to the full classroom set of age-appropriate biographies, students will be able to read and research on their own, learning valuable research and writing skills at a young age. As they read each biography, students will gain knowledge and appreciation of the struggles and hardships overcome by people from our past, the time period in which they lived, and why they should be remembered in history.

Knowledge is power. The Great Lives in Colorado History biographies will help Colorado students know the excitement of learning history through the life stories of heroes.

Information about the series can be obtained from any of the three partners:

Filter Press at www.FilterPressBooks.com
Colorado Humanities at www.ColoradoHumanities.org
Denver Public Schools at curriculum.dpsk12.org

About This Series

Acknowledgments

Colorado Humanities and Denver Public Schools acknowledge
the many contributors to the Great Lives in Colorado History
series. Among them are the following:

The teachers who accepted the challenge of writing the
    biographies
Dr. Jeanne Abrams, Director of the Rocky Mountain Jewish
    Historical Society and Frances Wisebart Jacobs subject
    expert
Paul Andrews and Nancy Humphry, Felipe and Dolores Baca
    subject experts
Dr. Anne Bell, Director, Teaching with Primary Sources,
    University of Northern Colorado
Analía Bernardi, Spanish Translator, Denver Public Schools
Mary Jane Bradbury, Colorado Humanities Chautauqua
    speaker and Augusta Tabor subject expert
Joel' Bradley, Project Coordinator, Denver Public Schools
Sue Breeze, Colorado Humanities Chautuaqua speaker and
    Katharine Lee Bates subject expert
Betty Jo Brenner, Program Coordinator, Colorado Humanities
Tim Brenner, editor
Margaret Coval, Executive Director, Colorado Humanities
Michelle Delgado, Elementary Social Studies Coordinator,
    Denver Public Schools
Jennifer Dewey, Reference Librarian, Denver Public Library,
    Western History Genealogy Department
Jen Dibbern and Laura Ruttum Senturia, Stephen H. Hart
    Library and Research Center, History Colorado
Coi Drummond-Gehrig, Digital Image Sales and Research
    Manager, Denver Public Library

Susan Marie Frontczak, Colorado Humanities Chautauqua speaker and Young Chautauqua coach

Tony Garcia, Executive Artistic Director of El Centro Su Teatro and Rodolfo "Corky" Gonzales subject expert

Melissa Gurney, City of Greeley Museums, Hazel E. Johnson Research Center

Jim Havey, Producer/Photographer, Havey Productions, Denver, Colorado

Josephine Jones, Director of Programs, Colorado Humanities

Beth Kooima, graphic designer, Kooma Kreations

Jim Kroll, Manager, Western History and Genealogy Department, Denver Public Library

Steve Lee, Colorado Humanities Chautauqua speaker and Otto Mears subject expert

April Legg, School Program Developer, History Colorado, Education and Development Programs

Nelson Molina, Spanish language editor and translation consultant

Terry Nelson, Special Collection and Community Resource Manager, Blair-Caldwell African American Research Library and Fannie Mae Duncan subject expert

Jessy Randall, Curator of Special Collections, Colorado College, Colorado Springs, Colorado

Elma Ruiz, K–5 Social Studies Coordinator, Denver Public Schools, 2005–2009

Keith Schrum, Curator of Books and Manuscripts, Stephen H. Hart Library and Research Center, History Colorado

William Thomas, Pike Peak Library District

Danny Walker, Senior Librarian, Blair-Caldwell African American Research Library

Dr. William Wei, Professor of History, University of Colorado, Boulder, and Chin Lin Sou subject expert

About the Author

E. E. (Elizabeth Ellen) Duncan teaches in the gifted and talented program at Montclair Elementary School in Denver Public Schools. She lives with her husband, Robert, two cats—Rudy and Izzy—and a frog named Og. She has three young adult children. She enjoys reading, writing, traveling, playing word games, and, of course, Colorado history.

Felipe y Dolores Baca

Pioneros hispanos

por E. E. Duncan

Filter Press, LLC
Palmer Lake, Colorado

Felipe y Dolores Baca
por E. E. Duncan

A Robert

ISBN: 978-0-86541-171-5
LCCN: 2013947113

Producido con el apoyo de la organización Colorado Humanities y
el fondo National Endowment for the Humanities. Las opiniones,
hallazgos, conclusiones o recomendaciones expresadas en la presente
publicación no necesariamente representan los de la organización
Colorado Humanities o los del fondo National Endowment for the
Humanities.

Foto de portada cortesía del centro History Colorado, 10042784
(Dolores Baca) y 10042785 (Felipe Baca)

Impreso en los Estados Unidos de América

Publicado por Filter Press, LLC, en cooperación con
las Escuelas Públicas de Denver y la organización
Colorado Humanities.

Grandes vidas de la historia de Colorado

Augusta Tabor por Diane Major
Barney Ford por Jamie Trumbull
Benjamin Lindsey por Gretchen Allgeier
Bill Hosokawa por Steve Walsh
Charles Boettcher por Grace Zirkelbach
Chief Ouray por Steve Walsh
Chin Lin Sou por Janet Taggart
Clara Brown por Suzanne Frachetti
Doc Susie por Penny Cunningham
Elbridge Gerry por Jennifer L. Buck
Emily Griffith por Emily C. Post
Enos Mills por Steve Walsh
Fannie Mae Duncan por Angela Dire
Felipe y Dolores Baca por E. E. Duncan
Florence Sabin por Stacey Simmons
Frances Wisebart Jacobs por Martha Biery
Hazel Schmoll por Penny Cunningham
Helen Hunt Jackson por E. E. Duncan
Kate Slaughterback por Lindsay McNatt
Katharine Lee Bates por Monique Cooper-Sload
John Dyer por Jane A. Eaton
John Routt por Rhonda Rau
John Wesley Powell por Suzanne Curtis
Josephine Aspinwall Roche por Martha Biery
Justina Ford por K. A. Anadiotis
Little Raven por Cat DeRose
Otto Mears por Grace Zirkelbach
Ralph Carr por E. E. Duncan
Richard Russell por Christine Winn
Robert Speer por Stacy Turnbull
Rodolfo "Corky" Gonzales por Jorge-Ayn Riley
William Bent por Cheryl Beckwith
Zebulon Montgomery Pike por Steve Walsh

Contenido

Felipe Baca, 1828–1874

Introducción

En 1861, Felipe y Dolores Baca cargaron sus pertenencias en una carreta tirada por bueyes, se despidieron de sus familiares y amigos en Nuevo México y se dirigieron al norte a un nuevo lugar que llamarían "hogar". Eran **pioneros hispanos** que vinieron a Colorado el mismo año en que esta región se convirtió en **territorio** de los Estados Unidos. La **plaza** que construyeron se convirtió en la ciudad de Trinidad. La pareja tuvo una vida muy próspera en Colorado. Las tierras ricas y **fértiles** de los alrededores de Trinidad eran ideales para **pastorear** ovejas y para cultivar. Felipe y Dolores se convirtieron en líderes y se hicieron conocidos por ayudar a los demás.

Dolores Baca, 1831–1915

Los pioneros hispanos en Colorado

Mucho antes de que carretas entoldadas trajeran al oeste a los colonizadores del este de los Estados Unidos, los pioneros hispanos emigraban desde México hacia el norte a vivir en el área que actualmente conforman los estados de Nuevo México y Colorado. Ya en 1500, los **conquistadores** españoles vinieron a Colorado en busca de las **siete ciudades de oro**. Las ciudades de oro perdidas eran un **mito**, pero los exploradores reivindicaban el territorio para el rey y la reina de España. Los españoles atravesaron el océano Atlántico para vivir en las nuevas tierras. Trajeron su idioma y su **cultura** así como la religión católica.

Los **antepasados** de Felipe y Dolores Baca estuvieron entre los primeros colonizadores españoles de esta área, que luego se convertiría en los Estados Unidos. Sus antepasados

llegaron a México en 1570. En 1600, la familia de Felipe se mudó al norte, a la zona que actualmente conocemos como Nuevo México. La familia de Dolores llegó en 1626. Sus antepasados llegaron en los primeros tiempos de la historia de los Estados Unidos. En 1607, los colonizadores ingleses establecieron el primer asentamiento permanente en Virginia, y en 1620, los peregrinos fundaron la colonia de Plymouth en Massachusetts.

El bisabuelo de Dolores cavó un **canal** que suministraba agua a la tierra árida de la zona. Fue sumamente **innovador** para la época. El rey de España lo recompensó con vastas extensiones de tierra en el norte de Nuevo México y en el sur de Colorado.

El padre de Dolores vivió en el mismo lugar durante toda su vida. Cuando nació en 1796, la zona donde vivía pertenecía a España. En 1821, luego de la guerra entre México y España, pasó a formar parte de

México. Luego, en 1850, después de otra guerra entre México y los Estados Unidos, Nuevo México se convirtió en territorio de los Estados Unidos. Los hispanos cuyas familias han vivido en Colorado durante **generaciones** dicen que ellos no cruzaron la frontera, sino que ¡la fronter los cruzó a ellos!

Los primeros años

Felipe Baca nació el 9 de enero de 1828 en Ancon, una zona que pasaría a formar parte del estado de Nuevo México. Sus padres eran José Manuel y María Rosa Vigil Baca. Tenía un hermano y cuatro hermanas. Su padre falleció cuando él era niño. La familia se mudó a vivir con la familia paterna cerca de Taos, Nuevo México.

María Dolores Gonzáles nació el 11 de enero de 1831 en Arroyo Hondo, que posteriormente pasó a formar parte de Nuevo México. Sus padres, José González y María Gregoria Medina, eran ricos. Dolores, su hermana y sus cinco hermanos tuvieron una vida cómoda.

Poco se sabe sobre la infancia de Felipe y Dolores. Probablemente ambos hayan asistido a la escuela, dado que sabían leer y escribir en español. La vida de los hispanos en Nuevo

México giraba en torno a las temporadas de cultivo y a las actividades de la iglesia católica.

Cuando Felipe era adolescente, consiguió un trabajo para cuidar las cabras y las vacas de su tío. Todos los años, Felipe y los animales caminaban cientos de millas desde Nuevo México hasta México y luego de regreso. Por este trabajo ganaba un dólar al mes. Era tan pobre que solo comía una taza de papilla de maíz al día.

En uno de sus viajes conoció a una indígena. Esta le dio tortillas como pago por recoger leña. Cada año, Felipe hacía un alto para verla. En su último viaje, la mujer le dio una becerra y una estatuilla de Nuestra Señora de Guadalupe. La becerra fue el primer animal de las grandes manadas que luego pertenecieron a los Baca. Nuestra Señora de Guadalupe se convirtió en su **santa patrona**. Felipe siempre estuvo agradecido con la mujer indígena que lo ayudó, y recordó su gentileza

toda la vida.

Felipe y Dolores se conocieron y se enamoraron. El 20 de marzo de 1849 se casaron en la iglesia católica de Taos. Felipe tenía veintiún años y Dolores, dieciocho. A Dolores se la describía como una "hermosa mujer de brillantes ojos negros". Era **menuda** y delgada. Felipe era apuesto y tenía el cabello y los ojos oscuros.

Su primera hija, María Donisia, nació al año siguiente. La joven pareja se mudó a Guadalupita, en la sierra de la Sangre de Cristo, y allí compraron algunas tierras. En los ocho años siguientes, Dolores tuvo un hijo y cuatro hijas más: Juan Pedro, María Catarina, María Apolonia, María de la Luz y María Rosa. Como era **costumbre**, a las niñas las llamaban por su segundo nombre.

En Guadalupita, Felipe y Dolores trabajaban la tierra y criaban ganado y ovejas. Se convirtieron en la familia más adinerada de la zona. Tenían dos mil ovejas y

sembraban fanegas de maíz, chícharos y papas. Más adelante, cultivaron trigo para moler harina. Tenían una casa completa con tres sirvientes que los ayudaban a administrar la granja y la finca.

La mudanza a Colorado

En 1859, a sus treinta años, Felipe hizo un largo viaje hacia el norte rumbo a la nueva ciudad de Denver con su amigo Pedro Valdez. En el camino, acamparon a orillas del río Purgatoire. Llevaban cuatro carretas de harina para vender. Emprendieron este viaje un año después de que se descubriera oro en las Montañas Rocosas. Los mineros que se instalaban en la zona necesitaban provisiones, entre ellas, harina.

En su camino de regreso a Guadalupita, Felipe y Pedro se detuvieron en el lugar donde habían acampado cuando se dirigían a Denver. Era una zona hermosa. Al oeste se alzaban los picos puntiagudos de las Montañas Rocosas y al sur se elevaban las **mesetas**. Hacia el este se extendían vastas planicies. Árboles de cedro y piñón cubrían las pequeñas colinas y corría agua en abundancia por los ríos y arroyos.

Felipe pensó que la tierra fértil produciría excelentes cosechas. Las colinas circundantes podrían alimentar manadas de animales a pastoreo. Decidió que esta fuera su tierra.

En la primavera siguiente, Felipe regresó a la zona con trabajadores y tiros de bueyes. Cavó una acequia **irrigadora** y cultivó la tierra. Cuando estuvo lista la cosecha, llevó los cultivos a Guadalupita para mostrárselos a sus familiares y vecinos.

Felipe quería que otras personas lo acompañaran y se mudaran al norte de Colorado. Les dijo a los vecinos que "¡la tierra y la vegetación eran tan fértiles que hasta se podía arar con un girasol o tomar una espiga de maíz y usarla como garrote!". Felipe **exageraba** un poquito, pero el entusiasmo que demostraba por la tierra impresionó a los vecinos.

Doce familias decidieron unirse a la familia Baca y mudarse a una zona de Colorado que más adelante se llamó Trinidad. Solían

reunirse y rezar por su santa patrona, Nuestra Señora de Guadalupe. Felipe, Dolores y sus seis hijos se pasaron al frente de la **caravana** que se dirigía al norte. Su hijo Luis, que nació después de que la familia se trasladara a Trinidad, escuchaba las anécdotas familiares sobre la mudanza a Guadalupita. Más adelante escribió: "Veinte carretas cubiertas, tiradas por bueyes, iban cargadas con todas sus pertenencias hasta el límite de su capacidad... y avanzaban en una hilera de cerca de tres millas de largo. Había rebaños de ovejas y cabras y piaras de cerdos". Como los cerdos atrasaban al grupo, Felipe sugirió: "Adelante, denles a esas pobres bestias exhaustas un golpe en la cabeza y las comeremos".

Fue una travesía difícil por la sierra de la Sangre de Cristo. Luis escribió otro relato sobre el viaje a **Paso** Ratón: "Aquí no existían caminos, solo había senderos. Varias carretas se volcaron, pero como había muchas manos para ayudar, pronto volvieron a funcionar

normalmente". Una vez que cruzaron el paso, contemplaron desde lo alto el verde valle al que llamarían "hogar". Le dieron gracias a Nuestra Señora de Guadalupe.

La vida en la nueva tierra

Los pioneros llegaron a su nuevo hogar en 1861, el mismo año en que Colorado se convirtió en territorio de los Estados Unidos. Las doce familias construyeron plazas a lo largo del río Purgatoire. Cada vez más pioneros hispanos venían al norte. Poco después había veintisiete familias viviendo en la zona. Muchas de ellas, a menudo emparentadas entre sí, vivían juntas en una plaza. Esto les daba mayor seguridad a los colonos.

Las plazas se construían con ladrillos de **adobe** y un alto muro exterior que las rodeaba. Las construcciones tenían techos bajos y paredes gruesas. Dentro de los muros, había apartamentos para las familias, una cocina interior y una exterior, un jardín, depósitos y un granero. Las chimeneas servían como calefacción para las plazas. El agua se

extraía de un pozo comunitario. Las linternas y las velas proporcionaban luz.

Felipe y Dolores construyeron una gran plaza junto al río. La llamaron Trinidad. En la religión cristiana, la palabra se refiere a las tres partes de Dios: el Padre, el Hijo y el Espíritu Santo. Dolores tuvo cuatro hijos más: Luis, María Gregorita, Félix y Facundo. María Gregorita falleció cuando era bebé.

Cortesía de E. E. Duncan

Actualmente, la elegante Casa de los Baca de dos plantas construida con ladrillos de adobe es un popular museo histórico en Trinidad, Colorado. Los artículos del museo ayudan a comprender cómo era la vida para la familia Baca y otros pioneros hispanos en el sur de Colorado.

Trinidad es una hermosa ciudad situada en un valle. Se puede observar la plaza original de los Baca en la parte inferior de la foto.

Los colonos cavaron tres acequias irrigadoras y los cultivos crecían bien. Sus ovejas, cabras y ganado pastaban en las laderas de las colinas. Aprendieron de los indígenas a cultivar maíz, frijoles y calabazas en conjunto. Los indígenas llamaban a estas cosechas "las tres hermanas". Los pavos, conejos, gallinas de pradera, venados y hasta los osos proveían de carne a las familias. Estas debían trabajar duro, pero la tierra era fértil y les daba a los colonos

todo lo que necesitaban.

Luego del arduo trabajo con los animales y la tierra, a las familias les gustaba reunirse para bailar y celebrar fiestas. Las canciones y relatos en español y los bailes de España, México y los Estados Unidos colmaban las plazas. Se construyó una pequeña iglesia con adobe en la propiedad de los Baca. Los domingos, las familias asistían a la misa.

Compartir la tierra

Los pioneros hispanos, los indígenas y los pioneros **angloamericanos** vivían juntos en esta zona. Felipe y Dolores se esforzaban por preservar la paz entre las distintas personas.

Querían ser buenos vecinos de los indígenas. Felipe recordaba la gentileza de la mujer indígena que lo había ayudado tantos años atrás. Los Baca cultivaban granos de más para dárselos a los indígenas. Colorow, jefe de los Yutas, visitó una vez la plaza de los Baca. El jefe Colorow era un indígena que luchaba contra los colonos que se mudaban a Colorado. Al famoso jefe le gustaba mucho el pañuelo de seda roja que tenía Dolores, tanto que esta se lo quitó y se lo obsequió.

En otra ocasión, Felipe estaba perdido en el bosque y unos indígenas lo encontraron. Estos trataron a Felipe con la misma gentileza que él y Dolores les habían demostrado a

ellos. Cuando surgieron conflictos entre los indígenas y los colonos hispanos, Felipe intervino para hacer la paz.

También se hizo amigo y socio comercial de algunos angloamericanos que se habían mudado a la zona de Trinidad. Una vez, Dolores ayudó con el parto de un niño angloamericano en esa localidad. En otra ocasión, un violento combate estalló entre algunos residentes hispanos y angloamericanos. Felipe y Dolores les ofrecieron a estos últimos un lugar seguro para quedarse. Felipe ayudaba a que la gente resolviera sus conflictos.

No siempre era fácil que personas con culturas e idiomas diferentes convivieran en paz. No obstante, los Baca creían que era posible. Felipe se convirtió en un gran líder. La gente aprendió a contar con él para resolver diferencias.

La ciudad de Trinidad

En 1866, Felipe y Dolores donaron
setenta y cinco acres de su tierra para fundar
la ciudad de Trinidad. Se construyeron calles
y casas. El **camino de Santa Fe** corría a través
de los campos. No había otro en la zona y
era muy transitado por los viajeros. Los Baca
abrieron la primera tienda y la primera el
primer almacén de madera en la ciudad.

El rebaño de ovejas y la tropa de ganado
de los Baca crecían cada vez más. Tenían miles
de ovejas y se hicieron ricos vendiendo la
lana. Los Baca contrataron muchos sirvientes,
peones y arreadores para que los ayudaran
a administrar la casa, la granja y la finca de
ganado.

La ciudad de Trinidad crecía. Cada vez más
y más pioneros angloamericanos comenzaron a
establecerse en el hermoso valle. La plaza Baca
ahora se encontraba en el centro de la ciudad.

Esta necesitaba una iglesia católica más grande. Felipe y Dolores donaron la pequeña iglesia de adobe que habían construido en su plaza, así como la tierra a su alrededor, a fin de ampliarla. En ese lugar se construyó una nueva iglesia, un salón comunal, un **convento** y una escuela. Felipe y Dolores creían que la educación era importante. Felipe presidió el consejo escolar de Trinidad durante tres años. Dijo: "Trabajo por el bien de todos. No solo mis hijos recibirán una educación, sino también los hijos de otras personas".

La ciudad continuó creciendo y alrededor, de la década de 1870, vivían allí unos dos mil **ciudadanos** hispanos y angloamericanos. Los periódicos de Trinidad se publicaban en español y en inglés.

Colorado se convierte en un estado

Para 1869, muchas personas que vivían en el territorio de Colorado querían que este pasara a formar parte de los Estados Unidos de América. No obstante, no toda la población hispana del sur de Colorado quería la categoría de estado. Algunos creían que los hispanoparlantes no estarían representados con igualdad en un gobierno de habla inglesa.

Felipe era un líder en Trinidad. Fue electo como **representante** republicano para integrar la **asamblea legislativa territorial** entre 1870 y 1874. También fue electo su vecino y compañero Casimiro Barela, otro pionero hispano. Ambos querían asegurarse de que la nueva **Constitución** de Colorado garantizara la igualdad para todos. Finalmente, Felipe y Casimiro acordaron apoyar la iniciativa para que Colorado se constituyera como estado.

Como parte del acuerdo, insistieron en que la Constitución de Colorado se publicara en español y en inglés. Casimiro dijo:

"Debemos pedir que las leyes se publiquen en español por un período de veinticinco años. A cambio de ello, la población del sur de Colorado dará su apoyo para que el territorio se convierta en estado".

Actualmente se puede ver un retrato en vitral de Casimiro Barela en la rotonda del capitolio de Colorado en Denver. Fue uno de los primeros dieciséis ciudadanos, y el único pionero hispano, en ser homenajeado de este modo.

El 1.° de agosto de 1876, el territorio de Colorado se convirtió en el estado número 38 de los Estados Unidos de América. Como deseaba Felipe, la Constitución de Colorado se publicó en dos idiomas.

El representante Felipe Baca insistía en que la Constitución de Colorado se imprimiera en inglés y en español. Quería asegurarse de que todos los ciudadanos de Colorado estuvieran representados en el nuevo estado.

La nueva
Casa de los Baca

Felipe y Dolores Baca decidieron mudarse de la plaza y en 1873 compraron una elegante casa en Main Street y la bautizaron Casa de los Baca. Era una casa fuera de lo común; estaba hecha de adobe y tenía dos pisos. Lucía como una mansión. **Tradicionalmente**, las casas de adobe eran de una sola planta.

Esta tenía diez habitaciones. Otro edificio tenía habitaciones para los sirvientes, los peones y arreadores. La propiedad también tenía un granero, una cochera y un amplio jardín. La casa tenía un porche que recorría todo el frente. Un balcón con **mirador**, ubicado en el techo de la casa, tenía vista hacia el transitado camino de Santa Fe y las montañas que había alrededor.

Felipe y Dolores pagaron la casa con siete carretas cargadas de lana por un valor de 7

*Dolores Baca fotografiada con sus hijos y nietos en la Casa
de los Baca. La familia Baca vivió allí hasta 1931.*

mil dólares. Compraron todos los muebles,
incluido un piano, con dos carretas más
cargadas de lana que equivalían a 2 mil
dólares. No hubo intercambio de dinero.
Felipe sintió que había hecho un excelente
negocio. Le dijo a un amigo: "No pagué nada
por la casa. … La pagué con lana y la lana
crece en el lomo de las ovejas". Felipe sabía
que al año siguiente las mismas ovejas le
volverían a dar lana.

Los Baca acondicionaron la casa para que fuera cómoda. Las paredes **blanqueadas** estaban cubiertas de cuadros y artículos religiosos. Los muebles de madera, los edredones hechos a mano, las alfombras y mantas de lana y las cortinas de encaje decoraban la casa. La calefacción era un calentador de hierro fundido en la cocina, y en el jardín había un horno que se utilizaba para hacer pan. Un pozo de agua en el patio trasero abastecía de agua a la amplia casa.

La vida sin Felipe

En 1874, un año después de que los Baca se mudaran a su nueva casa, la familia cambió para siempre ya que Felipe falleció. Tenía solo cuarenta y seis años y es probable que haya sufrido un **infarto**. Un amigo dijo: "Hemos perdido a un colega de trabajo honesto y enérgico, un compañero **genial**, un amigo fiel y un ciudadano recto".

Dolores quedó sola para cuidar de su numerosa familia. Tres hijas y tres hijos aún vivían en la casa. El más pequeño, Facundo, tenía apenas tres años. Dos de sus hijas ya estaban casadas. Una tercera hija, María Apolonia, se casó el día antes de que falleciera Felipe.

Para ese entonces, los Baca eran la familia más rica de Trinidad. Dolores vivió cuarenta y un años más después del fallecimiento de Felipe. Nunca se volvió a casar y permaneció

Esta lápida se encuentra en la tumba de Felipe. A pesar de que la inscripción grabada contiene unas pocas palabras, ¡hay dos errores! ¿Puedes encontrarlos? Este es un buen recordatorio de que debes corregir tus trabajos. (Respuesta: hay una falta de ortografía en el apellido Baca y un error en la fecha de fallecimiento.)

en la Casa de los Baca el resto de su vida. Tomó el mando y pasó a administrar los negocios familiares. Asimismo, continuó ayudando a la comunidad.

Dolores incentivaba a sus hijos a estudiar. Los tres varones más jóvenes asistieron a la universidad. Luis se graduó de la Academia St. Mary en Kansas y se recibió de ingeniero civil y agrimensor. Félix y Facundo fueron a la Universidad de Notre Dame en Indiana. Félix se convirtió en abogado y juez, y Facundo trabajó como médico. Los tres hijos regresaron a Colorado una vez que se graduaron. El hijo mayor, Juan Pedro, ayudó a Dolores con los negocios hasta que falleció en 1880. Cuatro de las hijas se casaron, y María de la Luz se hizo monja.

Dolores vio a Trinidad transformarse de una pequeña comunidad hispana en una bulliciosa ciudad. Las carretas del camino de Santa Fe fueron reemplazadas por potentes trenes. Las ovejas de pastoreo dieron paso a enormes manadas de ganado. Más adelante, la minería de carbón se convirtió en el principal negocio de Trinidad. Cada vez más y más personas angloamericanas se mudaban a la zona.

Muchas personas que hoy en día viven en Colorado están emparentadas con la familia Baca. La familia de Felipe y Dolores Baca tuvo 340 **descendientes** a lo largo de siete generaciones. Los miembros de la familia también viven en Arizona, California, Florida, Nuevo México, Oregon y Texas, así como en Inglaterra, Francia, Alemania y México.

En 1915, Dolores falleció en la Casa de los Baca a los 83 años de edad. En su funeral, se le rindió homenaje por su trabajo con "las viudas, los ancianos, los huérfanos y los inválidos". Un artículo sobre su fallecimiento publicado en el periódico decía que había demostrado "una fortaleza y fe espléndidas, así como buenas obras y un trabajo ejemplar".

El museo de la Casa de los Baca

La Casa de los Baca se mantuvo en la familia hasta 1931. Consuelo Baca, una nieta de Felipe y Dolores, fue la última integrante de la familia que vivió allí. Luego la propiedad se vendió y se convirtió en una **pensión**. Durante esta época se deterioró.

En 1954, un grupo de empresarios de Trinidad compró la casa para transformarla en un museo sobre los pioneros de la zona. En él se contaba la historia de Trinidad y la de la familia Baca.

En 1960, el museo pasó a formar parte de la Sociedad Histórica de Colorado. La sociedad reacondicionó la casa y la decoró con artículos que mostraban cómo vivían los Baca. El edificio que albergaba a los sirvientes, peones y arreadores ahora exhibe información sobre la historia de la zona de Trinidad.

Hoy en día, los visitantes pueden hacer un recorrido por los jardines y la Casa de los Baca. Los guías turísticos les cuentan a los visitantes sobre la familia y otros pioneros hispanos. El museo de la Casa de los Baca cuenta el papel destacado que los pioneros hispanos desempeñaron en la historia de Colorado. Permite que las personas se imaginen cómo vivían los pioneros y los desafíos que enfrentaban.

Los Baca en
la historia de Colorado

Felipe y Dolores Baca llevaron la agricultura y la cría de ovejas y de ganado a la zona de Trinidad. Los Baca fundaron la ciudad de Trinidad y contribuyeron a que se convirtiera en una comunidad floreciente. Felipe y Dolores creían que las personas con culturas e idiomas diferentes podían convivir de forma pacífica. Felipe representó a la población hispana en el gobierno territorial y se aseguró de que las inquietudes y opiniones de los hispanohablantes fueran escuchadas.

Luego de la muerte de Felipe, el senador Casimiro Barela quiso homenajear a su amigo y solicitó a la asamblea legislativa del estado que bautizaran un nuevo condado de Colorado en su honor. El Condado de Baca, al sureste de Colorado, nos recuerda las contribuciones que hizo la familia Baca a Colorado.

Preguntas para reflexionar

- ¿Por qué el jefe Colorow y otros indígenas luchaban contra los colonos hispanos y angloamericanos?

- ¿Por qué se construyeron acequias irrigadoras antes que las casas en la nueva colonia de hispanos en Trinidad?

- ¿Por qué era importante para Felipe y Dolores que sus hijos recibieran una educación? ¿Qué pensaban sobre la educación de sus hijas?

Preguntas para los integrantes del programa Young Chautauqua

- ¿Por qué se me recuerda (o se me debería recordar) en la historia?

- ¿Qué dificultades enfrenté y cómo las superé?

- ¿Cuál es mi contexto histórico (qué otras cosas sucedían en mi época)?

Glosario

Adobe: ladrillos de barro y paja secados al sol.

Angloamericanos: personas blancas que no son descendientes de hispanos.

Antepasados: personas de la familia que nacieron antes que las que viven en la actualidad.

Asamblea legislativa territorial: organismo que gobernaba en Colorado antes de que este se convirtiera en un estado.

Blanqueada: pintada en capas espesas de pintura blanca.

Camino de Santa Fe: camino para carretas que se extendía entre Missouri y Santa Fe, Nuevo México. Era el sendero principal para los comerciantes, los colonos y el ejército entre 1821 y 1880.

Canal: cauce artificial que se excava o construye y por donde se canaliza el agua para regar las cosechas.

Caravana: grupo de carretas o carros que viajan en una sola fila.

Ciudadanos: personas que viven en una ciudad, pueblo, estado o país y que tienen los derechos y la protección de ese lugar.

Conquistadores: exploradores españoles.

Constitución: documento que establece las creencias y las leyes básicas de una nación, estado o grupo social.

Convento: construcción donde las monjas católicas viven juntas.

Costumbre: modo habitual de hacer las cosas por tradición o por una ley no escrita.

Cultura: tradiciones, creencias y costumbres sociales de un grupo de personas.

Descendientes: familias que guardan relación de parentesco con ciertas personas del pasado.

Exageraba: decía algo que traspasa los límites de lo verdadero.

Fértiles: que producen cosechas o vegetación abundantes.

Generaciones: tiempo promedio entre el nacimiento de los padres y sus hijos, por lo general, entre veinticinco y treinta años.

Genial: agradable o amistoso.

Infarto: cuando repentinamente el corazón deja de latir.

Innovador: forma nueva y creativa de hacer algo.

Irrigadora/Irrigacion: abastecer de agua a las tierras áridas para que se desarrollen los cultivos.

Menuda: pequeña y delgada.

Mesetas: dunas bajas con cumbres planas y laderas empinadas.

Mirador: plataforma construida en el techo de una casa para observar los alrededores.

Mito: historia ficticia o que no es verdad.

Paso: espacio estrecho entre las montañas.

Pastorear: alimentar a los animales con el pasto que crece en el campo.

Pensión: casa repartida en habitaciones que se alquilan.

Pioneros hispanos: personas de habla hispana que se establecieron en nuevas tierras.

Plaza: pequeño poblado de pioneros hispanos que viven agrupados en construcciones de adobe que se comunican entre sí.

Representante: persona electa para el gobierno que actúa y habla en nombre de otros.

Glosario

Santa patrona: en la religión católica, santo o santa elegido como protector de un pueblo o grupo de personas.

Siete ciudades de oro: lugares que según la creencia existían al sudoeste de los Estados Unidos. En 1500, los ejércitos españoles y otros exploradores buscaban las ciudades de oro.

Territorio: parte de los Estados Unidos que no es un estado, pero que se encuentra bajo el control del gobierno federal. Kansas y otros estados al oeste del Mississippi fueron territorios antes de convertirse en estados.

Tradicionalmente: referido a los comportamientos y creencias que una generación trasmite a la siguiente.

Línea cronológica

1600
Los antepasados de Felipe Baca se mudan al norte de México desde Ciudad de México.

1626
Los antepasados de Dolores Baca emigran de Europa a la zona de Nuevo México.

1828
Nace Felipe de Jesús Baca en Ancon, Nuevo México.

1831
Nace María Dolores Gonzáles en Arroyo Hondo, Nuevo México.

1849
Felipe y Dolores se casan.

1850
La familia se muda a Guadalupita, Nuevo México.

1850–1859
Nacen los primeros seis hijos de Felipe y Dolores.

1859
Felipe reivindica tierras que se convertirían en la ciudad de Trinidad.

1860
Felipe lidera una caravana de doce familias pioneras hispanas a Colorado. Comienza a construir la plaza de Trinidad.

1861
Colorado se convierte en territorio de los Estados Unidos.

Felipe y Dolores Baca 41

Línea cronológica

1861–1870
Felipe y Dolores tienen cuatro hijos más.

1866
Se funda la ciudad de Trinidad en tierras de los Baca.

1870–1874
Felipe es representante republicano en la asamblea legislativa territorial.

1873
La familia Baca canjea lana por la amplia casa de adobe de dos plantas llamada Casa de los Baca.

1874
Felipe fallece a los cuarenta y seis años.

1874–1915
Dolores administra los negocios de la familia.

1876
Colorado se convierte en el estado número 38.

1889
Se bautiza el condado de Baca en honor a Felipe.

1915
Dolores fallece en la Casa de los Baca.

1954
La Casa de los Baca se convierte en el Museo de Pioneros de Trinidad.

1960
La Casa de los Baca pasa a formar parte de la Sociedad Histórica de Colorado.

Bibliografía

Adams, Robert. *The Architecture and Art of Early Hispanic Colorado*. Boulder: University Press of Colorado, 1974.

Aldama, Arturo, ed. *Enduring Legacies: Ethnic Histories and Cultures of Colorado*. Boulder: University Press of Colorado, 2011.

Andrews, Paul y Nancy Humphry. "El Patrón de Trinidad: Don Felipe de Jesús Baca". *Colorado Heritage Magazine* (invierno de 2004).

Baca, Luis. "The Guadalupita Colony of Trinidad". *Colorado Magazine* 21, número 1 (enero de 1944): 22–27.

Burnett, Hugh y Evelyn Burnett. "Madrid Plaza". *Colorado Magazine* 42, número 3: 224–237.

DeBaca, Vincent. *La Gente: Hispano History and Life in Colorado*. Denver: Colorado Historical Society, 1998.

Duncan, E. E. Entrevista con Paul Andrews y Nancy Humphry, 6 de agosto de 2012.

Archivos de Felipe y Dolores Baca. Museo Histórico de Trinidad.

Fernández, José E. *The Biography of Casimiro Barela*. Albuquerque: University of New Mexico Press, 2003.

Henritze, Cosette. *Trinidad Timelines*. Vol. 1. Trinidad, Colorado: *The Chronicle-News*, mayo de 2004.

"Hispanic Pioneer: Don Felipe Baca Brings His Family North to Trinidad". *Colorado Heritage Magazine* 1 (1982): 26–44.

Notas manuscritas de Jasper, O. C. sobre la familia Baca. Archivos del centro History Colorado, 1980.

McHendrie, A. W. "Trinidad and Its Environs". *Colorado Magazine* 6, número 5 (1929): 159–170.

Onís, José de. *The Hispanic Contribution to the State of Colorado*. Denver: Cameron Books, 1976.

Índice

Acerca de esta serie

En 2008, la organización Colorado Humanities y el Departamento de Estudios Sociales de las Escuelas Públicas de Denver se asociaron a fin de implementar el programa Young Chautauqua de Colorado Humanities en las Escuelas Públicas de Denver y crear una serie de biografías sobre personajes históricos de Colorado, escritas por maestros para jóvenes lectores. El proyecto se denominó "Writing Biographies for Young People". Filter Press se sumó al proyecto en 2010 para publicar las biografías en una serie que se tituló "Grandes vidas en la historia de Colorado".

Los autores voluntarios, maestros de profesión, se comprometieron a investigar y escribir la biografía de un personaje histórico de su elección. Se informaron sobre el programa Young Chautauqua de Colorado Humanities a través de sus portavoces y participaron en un taller de cuatro días que incluyó el recorrido por tres importantes bibliotecas de Denver: el centro de investigación Stephen H. Hart Library and Research Center en el centro History Colorado, el Departamento de Genealogía e Historia Occidental de la biblioteca Denver Public Library y la biblioteca Blair-Caldwell African American Research Library. Para escribir las biografías, emplearon las mismas destrezas que se espera de los estudiantes: la identificación y localización de recursos confiables para la investigación, la documentación de dichos recursos y la elección de información adecuada a partir de ellos.

El resultado del esfuerzo de los maestros fue la publicación de trece biografías en 2011 y veinte en 2013. Al tener acceso a la colección curricular completa de las biografías elaboradas acorde a su edad, los estudiantes podrán leer e investigar por sus propios medios y aprender valiosas habilidades de escritura e investigación a temprana edad.

Con la lectura de cada biografía, los estudiantes adquirirán conocimientos y aprenderán a valorar las luchas y vicisitudes que superaron nuestros antepasados, la época en la que vivieron y por qué deben ser recordados en la historia.

El conocimiento es poder. Las biografías de la serie "Grandes vidas en la historia de Colorado" ayudarán a que los estudiantes de Colorado descubran lo emocionante que es aprender historia a través de las vidas de sus héroes.

Se puede obtener información sobre la serie a través de cualquiera de los tres socios:

Filter Press en www.FilterPressBooks.com
Colorado Humanities en www.ColoradoHumanities.org
Escuelas Públicas de Denver en curriculum.dpsk12.org/

Reconocimientos

La organización Colorado Humanities y las Escuelas Públicas de Denver agradecen a las numerosas personas que contribuyeron con la serie "Grandes vidas en la historia de Colorado". Entre ellas se encuentran:

Los maestros que aceptaron el desafío de escribir las biografías.

Dra. Jeanne Abrams, directora de la sociedad histórica judía Rocky Mountain Jewish Historical Society, y Frances Wisebart Jacobs, experta.

Paul Andrews y Nancy Humphry, Felipe y Dolores Baca, expertos.

Dra. Anne Bell, directora del programa Teaching with Primary Sources, University of Northern Colorado.

Analía Bernardi, traductora bilingüe, Escuelas Públicas de Denver.

Mary Jane Bradbury, portavoz Chautauqua de la organización Colorado Humanities, y Augusta Tabor, experta.

Joel' Bradley, coordinador de proyectos, Escuelas Públicas de Denver.

Sue Breeze, portavoz Chautauqua de la organización Colorado Humanities, y Katharine Lee Bates, experta.

Betty Jo Brenner, coordinadora de programas, organización Colorado Humanities.

Tim Brenner, editor.

Margaret Coval, directora ejecutiva, organización Colorado Humanities.

Michelle Delgado, coordinadora de Estudios Sociales de Enseñanza Primaria, Escuelas Públicas de Denver.

Jennifer Dewey, bibliotecaria de consulta, biblioteca Denver Public Library, Departamento de Genealogía e Historia Occidental.

Jen Dibbern y Laura Ruttum Senturia, biblioteca y centro de investigación Stephen H. Hart Library and Research Center, centro History Colorado.

Coi Drummond-Gehrig, director de Investigación y Ventas de Imagen Digital, biblioteca Denver Public Library.

Susan Marie Frontczak, portavoz Chautauqua de la organización Colorado Humanities y orientadora del programa Young Chautauqua.

Tony Garcia, director artístico ejecutivo de El Centro Su Teatro y Rodolfo "Corky" Gonzales, experto.

Melissa Gurney, Museos de la Ciudad de Greeley, centro de investigación Hazel E. Johnson Research Center.

Jim Havey, Productor/Fotógrafo, Havey Productions, Denver, Colorado.

Josephine Jones, directora de programas, organización Colorado Humanities.

Beth Kooima, diseñador gráfico, Kooima Kreations

Jim Kroll, director, Departamento de Genealogía e Historia Occidental, biblioteca Denver Public Library.

Steve Lee, portavoz Chautauqua de la organización Colorado Humanities, y Otto Mears, experto.

April Legg, desarrolladora de programas escolares, centro History Colorado, Programas de Educación y Desarrollo.

Nelson Molina, editor de español y asesor de traducción.

Terry Nelson, director de Recursos Comunitarios y Colecciones Especiales, biblioteca Blair-Caldwell African American Research Library, y Fannie Mae Duncan, experta.

Jessy Randall, curadora de Colecciones Especiales, Colorado College, Colorado Springs, Colorado.

Elma Ruiz, coordinadora de Estudios Sociales K–5, Escuelas Públicas de Denver, 2005–2009.

Keith Schrum, curador de libros y manuscritos, biblioteca y centro de investigación Stephen H. Hart Library and Research Center, centro History Colorado.

William Thomas, biblioteca Pikes Peak Library District.

Danny Walker, bibliotecario principal, biblioteca Blair-Caldwell African American Research Library.

Dr. William Wei, profesor de Historia, Universidad de Colorado, Boulder, y Chin Lin Sou, experto.

Acerca de la autora

E. E. (Elizabeth Ellen) Duncan da clases en el programa de estudiantes de alto rendimiento académico y talentosos en Montclair Elementary School de las Escuelas Públicas de Denver. Vive con su esposo, Robert, dos gatos, Rudy e Izzy, y una rana que se llama Og. Tiene tres hijos jóvenes adultos. Disfruta de la lectura, la escritura, los viajes, los juegos de palabras y, naturalmente, la historia de Colorado.